Así construimos

Fabiola Sepulveda

Notas para los adultos

Este libro sin palabras ofrece una valiosa experiencia de lectura compartida a los niños que aún no saben leer palabras o que están empezando a aprender a leer. Los niños pueden mirar las páginas para obtener información a partir de lo que ven y también pueden sugerir textos posibles para contar la historia.

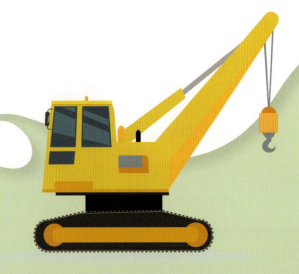

Para ampliar esta experiencia de lectura, realice una o más de las siguientes actividades:

Antes de leer, hablen sobre los materiales y las herramientas que se usan para construir. Luego, lean el libro para ver si algunos de esos objetos se muestran en las imágenes.

Al mirar las imágenes y contar la historia, introduzca elementos de vocabulario, como las siguientes palabras y frases:

- andamios
- arquitecto
- cemento
- clavos
- construcción
- escalera
- ladrillo
- llave inglesa
- madera
- martillo
- pintura
- puerta
- tejas
- tornillos
- ventana

Dibujen el plano de una casa o de un edificio. Luego, construyan casas o edificios pequeños con materiales como cartón, pegamento, tijeras y crayones.

Después de mirar las imágenes, vuelvan al libro una y otra vez. Volver a leer es una excelente herramienta para desarrollar destrezas de lectoescritura.

Salgan a caminar y miren las casas y los edificios de la zona donde viven. Hablen sobre cómo se construyeron.

Asesora
Cynthia Malo, M.A.Ed.

Créditos de publicación
Rachelle Cracchiolo, M.S.Ed., *Editora comercial*
Emily R. Smith, M.A.Ed., *Vicepresidenta superior de desarrollo de contenido*
Véronique Bos, *Vicepresidenta de desarrollo creativo*
Dona Herweck Rice, *Gerenta general de contenido*
Caroline Gasca, M.S.Ed., *Gerenta general de contenido*

Créditos de imágenes: todas las imágenes cortesía de iStock y/o Shutterstock

Library of Congress Cataloging-in-Publication Data
Names: Sepulveda, Fabiola, author.
Title: Así construimos / Fabiola Sepulveda.
Other titles: This is the way we build. Spanish
Description: Huntington Beach : TCM, Teacher Created Materials, Inc.,
 [2024] | Translation of: This is the way we build. | Audience: Ages 3-9
 | Summary: "Whether building something small or big, we need tools. We
 need patience, too! No matter what we build, we can have a lot of fun"-- Provided by publisher.
Identifiers: LCCN 2024027024 (print) | LCCN 2024027025 (ebook) | ISBN
 9798765961889 (paperback) | ISBN 9798765966839 (ebook)
Subjects: LCSH: Building--Juvenile literature.
Classification: LCC TH149 .S4718 2025 (print) | LCC TH149 (ebook) | DDC 690--dc23/eng/20240625

Se prohíbe la reproducción y la distribución de este libro por cualquier medio sin autorización escrita de la editorial.

5482 Argosy Avenue
Huntington Beach, CA 92649
www.tcmpub.com
ISBN 979-8-7659-6188-9
© 2025 Teacher Created Materials, Inc.
Printed by: 926. Printed in: Malaysia. PO#: PO13820